Saveurs du monde

ITALIE

Saviour Pirotta

GAMMA • ÉCOLE ACTIVE

Dans la collection :

- Brésil
- Italie
- Chine
- Kenya

Photo de couverture : un magasin d'alimentation.

Page de titre : Carnaval de Viareggio.

Page de sommaire : une jeune fille montée sur des échasses au Carnaval de Venise.

titre original : *A flavour of Italy*.

Dépôt légal : septembre 1999,
Bibliothèque nationale.
ISBN 2-7130-1875-7

Exclusivité au Canada :
Éditions École Active
2244, rue de Rouen,
Montréal, Qué. H2K 1L5.
Dépôts légaux : septembre 1999,
Bibliothèque nationale du Québec,
Bibliothèque nationale du Canada.
ISBN 2-89069-603-0

Loi n°49-956 du 16 juillet 1949 sur les publications destinées à la jeunesse.
Imprimé en U.E.

SOMMAIRE

L'Italie et ses spécialités

LES CÉRÉALES

Le blé et le maïs sont les céréales les plus cultivées en Italie. On utilise différentes espèces de blé pour faire les pâtes, le pain et les gâteaux.

LES FRUITS

La culture des pommes, des pêches et des agrumes est très importante. Chaque région possède ses propres vignobles.

LES LAITAGES

On saupoudre les spaghettis de parmesan râpé et on utilise la mozzarella sur les pizzas. Le lait permet aussi de faire des glaces.

LES LÉGUMES

L'Italie produit de nombreuses variétés de légumes. Les tomates servent à faire différentes sauces. Les oignons, les piments et l'ail donnent des saveurs fortes.

LES OLIVES

Les oliviers poussent presque partout. On presse les olives pour faire de l'huile d'olive, très employée dans la cuisine italienne.

LA VIANDE

Les Italiens mangent beaucoup de viande fraîche : du poulet, du bœuf, du veau, de l'agneau et du porc. Ils apprécient aussi le gibier.

L'agro-alimentaire

L'Italie est un pays d'Europe méridionale, long et étroit. Dans le Nord du pays, les pluies sont abondantes et les céréales, telles que le blé et le maïs, poussent facilement. Dans le Sud, le climat est beaucoup plus chaud, ce qui permet de cultiver les citrons, les raisins et les olives.

De délicieuses spécialités italiennes, telles que les pizzas, les pâtes et les glaces, sont connues et quotidiennement appréciées dans le monde entier. Mais on oublie souvent leur pays d'origine.

▼ Un agriculteur vérifie la qualité du grain dans un champ de blé italien.

LES FÊTES DU BLÉ

Des fêtes du blé ont lieu dans de nombreux villages et villes d'Italie. Celle de Ielsi, en Molise, a lieu le 26 juillet. Elle est organisée en souvenir de sainte Anne qui aurait sauvé le village d'un tremblement de terre en 1805. Les villageois font défiler des sculptures de blé sur des chariots tirés par des bœufs.

▲ Le pain italien traditionnel est cuit dans des fours à bois. Dans beaucoup de boulangeries, on travaille en famille.

Les céréales

Le blé et le maïs sont les principales céréales cultivées en Italie. Le blé est utilisé pour faire le pain, les gâteaux, les pizzas et les pâtes. Les Italiens achètent les pâtes fraîches ou séchées ou les fabriquent eux-mêmes.

Dans certaines régions, on cultive également le riz. Celui de la vallée du Po est le plus apprécié. On le cuisine avec du fromage et de l'ail pour faire un plat crémeux appelé *risotto*.

Les laitages

Les montagnes et les plaines fertiles du Nord de l'Italie offrent de bons pâturages pour les bovins. De nombreux fromages sont fabriqués avec leur lait. Le Val d'Aoste est célèbre pour la *robiola* et la *fontina*. La région voisine de Lombardie produit le *mascarpone*, le *gorgonzola* et le *taleggio*.

▲ Des fermiers de la ville d'Eboli, près de Naples, font de la *mozzarella* avec du lait de bufflonne.

Plus au sud, dans la région des Abruzzes, les agriculteurs élèvent des moutons pour faire des fromages spéciaux tels que le *pecorino*.

▼ Des bufflonnes à Agropoli, près de Naples. Leur lait sert uniquement à la fabrication du fromage.

LES FRUITS ET LES LÉGUMES

Les Italiens organisent de nombreuses fêtes pour célébrer les différents fruits et légumes cultivés dans leur pays. Dans la région de Ligurie, il y a des fêtes de l'aubergine, du citron, de la cerise, de la fraise.

En Sardaigne, les habitants d'Aritzo, une ville entourée de bois de châtaigniers, accueillent les visiteurs en leur offrant des châtaignes bouillies ou grillées.

▲ Des fermiers vénitiens exposent leur récolte dans un bateau typique appelé gondole.

Fruits et légumes

L'Italie produit des raisins, des olives et des agrumes, tels que les oranges et les citrons. Les olives sont cultivées dans la plupart des régions. On peut les manger ou les presser pour faire de l'huile d'olive.
La production agricole italienne est très variée et dépend du climat. Dans la région méridionale de Campanie, au sol riche et aux étés longs et chauds, les agriculteurs cultivent des tomates. Dans d'autres régions, ils cultivent des asperges, des haricots, des choux-fleurs, des oignons et de l'ail.

▲ Ces femmes d'Italie du Sud préparent des viandes salées qui seront utilisées dans des plats, des salades et des sandwichs.

La viande

Les Italiens aiment cuisiner une grande variété de viandes. Dans le Nord, les fermiers élèvent des bovins. Ils élèvent aussi des porcs dont la viande est consommée, fraîche ou salée, sous forme de saucisses et de jambons. Sur les terres plus sèches du Sud, les agriculteurs élèvent des moutons, des chèvres, des volailles et des lapins.

Le poisson

L'Italie est baignée par la mer Méditerranée. Les habitants des villes côtières consomment du poisson frais et des fruits de mer. Dans le Nord, les Italiens pêchent du poisson dans les lacs, les rivières et les torrents. L'anchois, l'espadon, le thon, l'encornet et le poulpe entrent couramment dans la composition de la cuisine italienne.

▼ Un bateau de pêche se prépare à quitter le port de Trapani, dans l'île de Sicile.

LES FÊTES DE LA MER

De nombreuses fêtes locales sont vouées au poisson en Italie. La procession de la fête de San Cataldo, à Tarente, a lieu sur la mer. Pendant les festivités, les gens mangent du poisson frit.

Les fêtes de famille

La plupart des Italiens sont catholiques romains. Le catholicisme est une religion chrétienne dont le pape, qui se trouve à Rome, est le chef.

Les catholiques célèbrent les moments les plus importants de leur vie par des cérémonies religieuses particulières. Les baptêmes, les mariages et les funérailles sont célébrés à l'église. Ces événements sont toujours suivis d'un repas réunissant la famille.

Les Italiens organisent ▶ des fêtes pour honorer leurs saints. Ces fillettes participent à la fête de San Efisio, à Cagliari en Sardaigne.

▼ Une procession en l'honneur de saint Côme et saint Damien dans les Pouilles.

LA TOUSSAINT

La fête de la Toussaint a lieu le 1er novembre. Les catholiques rendent hommage à leurs saints. Les enfants mangent des biscuits spéciaux en forme de fève appelés *fave dolci romane* (fèves sucrées romaines). Voir la recette page 17.

Les mariages

Les mariages italiens sont somptueux. La longue cérémonie célébrée à l'église est suivie d'un repas qui peut compter quatorze plats. Les menus varient d'une région à l'autre, mais commencent habituellement par un élégant *antipasto* (hors d'œuvre) tel que du jambon de Parme. Il peut être suivi d'une soupe, d'un plat de pâtes, de poulet, de lapin ou de poisson.

Dans de nombreux mariages, des dragées (amandes enrobées de sucre appelées *confetti*) sont offertes aux convives.

◀ Beaucoup d'Italiens font leur repas de mariage à l'extérieur. Voici un mariage dans une ville de Calabre.

Dans certains mariages, les *confetti* sont enveloppés dans de petits sacs distribués par la mariée. Chaque paquet - appelé *bonboniera* - contient cinq dragées qui symbolisent le bonheur, la santé, la richesse, les enfants et une longue vie.

▲ Le gâteau de mariage est généralement une génoise parfumée avec une liqueur, garnie de *zuppa inglese* et nappée de crème fraîche.

Les fêtes locales

▲ Biscuits de la Toussaint en forme de fève. Tu trouveras la recette page 17.

Le calendrier italien compte de nombreuses fêtes locales. La plupart d'entre elles sont célébrées en l'honneur de saints patrons. Il y a des processions et des feux d'artifice. Des casse-croûte et des glaces sont vendus dans les rues.

Beaucoup de fêtes sont consacrées aux récoltes et aux moissons. Dans la ville de Collelongo dans les Abruzzes, on célèbre la fête de la marmite. Les marmites sont bénies par un prêtre et le propriétaire de la meilleure se voit décerner un prix.

SAINT DOMINIQUE

Beaucoup d'Italiens pensent que saint Dominique les protège des morsures de serpents. À Cocullo dans les Abruzzes, pendant la fête de saint Dominique, une statue couverte de serpents est promenée dans les rues. Elle est suivie de cinq filles qui portent sur la tête un panier contenant un gâteau en forme de couronne.

Tous les habitants de la ville ▶ de Marta, au bord du lac de Bolsena, participent à la fête du poisson. Il y a un défilé de pêcheurs, et des enfants poussent des brouettes chargées de fruits et de légumes.

Fave dolci romane

USTENSILES

- un saladier
- une cuillère en bois
- un fouet
- un bol
- un batteur
- une râpe
- une planche à découper
- un couteau
- une plaque de cuisson
- une spatule

INGRÉDIENTS (12 biscuits)

- 100 g de farine complète
- 90 g de beurre ramolli
- 50 g de sucre en poudre
- 1 œuf battu
- 50 g d'amandes en poudre
- 1/2 cuillerée à café de cannelle en poudre
- le zeste d'un demi-citron râpé
- 1 cuillère à soupe de sucre glace

1

Mets la farine et le beurre dans le saladier et mélange avec la cuillère en bois jusqu'à obtenir une pâte lisse.

2

Ajoute le sucre, la cannelle, les amandes, l'œuf battu et le zeste de citron. Mélange jusqu'à obtenir de nouveau une pâte lisse.

3

Roule la pâte pour en faire un boudin de 15 cm de long et coupe-le en 12 tranches. Donne à chaque tranche une forme de fève et aplatis-la.

4

Mets les biscuits sur la plaque de cuisson graissée. Fais cuire pendant 15 minutes à 180 °C. Quand ils ont refroidi, saupoudre de sucre glace.

Sois prudent avec les fours chauds ; demande à un adulte de t'aider.

Noël et le Nouvel An

Noël - la célébration de la naissance de Jésus - est la fête la plus importante en Italie. Chaque maison est décorée d'un *presepio,* qui est une scène de la Nativité constituée de petites statues. Des crèches sont également exposées dans les églises et près des lieux célèbres. Dans certaines villes, les gens se déguisent en personnages de la Nativité.

▲ Un prêtre catholique romain célèbre la messe de Noël dans l'église d'Aracoeli, à Rome.

◀ Les principaux personnages du *presepio* sont Jésus, Marie et Joseph. Ils sont entourés de bergers et d'animaux.

▲ Le *panettone* est un gâteau italien traditionnel aux fruits secs.

LES GÂTEAUX DE NOËL

On trouve en Italie une grande variété de gâteaux de Noël. Le *panettone*, à pâte légère, est le plus apprécié, car on peut le déguster après un repas copieux. Le *torrone* est un mélange de nougat, de miel et de noisettes. Le *pandoro*, en forme d'étoile, est une spécialité de Vérone, où les enfants croient que les anges du paradis en mangent.

Le repas de Noël

Beaucoup d'Italiens jeûnent pendant vingt-quatre heures avant le dîner traditionnel du 24 décembre. Les plats varient d'une région à l'autre. Certains mangent un ragoût de poissons et de fruits de mer avec des légumes. D'autres préfèrent la dinde, l'agneau ou les spaghettis aux anchois. Deux autres grands repas sont servis le jour de Noël et la veille du Jour de l'An. Au menu du réveillon du Jour de l'An, peuvent figurer du pain aux raisins secs, de la dinde, du lapin et des pâtes. Certains Italiens mangent aussi un plat de saucisses aux lentilles.

Le Nouvel An et l'Épiphanie

Les fêtes de Noël s'achèvent le 6 janvier, le jour de l'Épiphanie qui est la célébration de la visite des Rois Mages à l'Enfant-Jésus.
Les enfants attendent la Befana, une vieille femme qui apporte des cadeaux aux enfants sages, un peu comme le Père Noël. Les enfants dissipés sont supposés recevoir un morceau de charbon. Mais la Befana sait que tous les enfants sont parfois sages et parfois turbulents. Elle laisse donc à chacun, en même temps que quelques cadeaux, un morceau de charbon.

LA SAINT-SYLVESTRE

La veille du Jour de l'An, les Italiens jettent leurs vieux objets par les fenêtres. Ils pensent se débarrasser ainsi du mauvais sort.

▼ Les lentilles sont supposées favoriser les gains d'argent pendant la nouvelle année.

Saucisses aux lentilles

INGRÉDIENTS (pour 4)

250 g de lentilles rouges
1 cuillerée d'huile d'olive
1 petit oignon émincé
1 branche de céleri
la moitié d'une carotte
2 cuillerées de concentré de tomate
1 tasse de bouillon de poulet
une pincée de sauge sèche
250 g de salami

USTENSILES

une passoire
une casserole
poêle avec couvercle
une planche à découper
un couteau
une cuillère en bois
une louche

1

Lave les lentilles dans la passoire, puis fais-les cuire dans l'eau jusqu'à ce qu'elles soient tendres, mais encore fermes.

2

Fais revenir l'oignon émincé dans l'huile. Ajoute le céleri et la carotte émincés. Fais cuire à feu doux avec un couvercle pendant 10 minutes.

3

Égoutte les lentilles et mets-les dans la poêle avec les légumes. Ajoute la tomate, le bouillon et la sauge.

4

Fais cuire pendant 3 autres minutes, puis sers après avoir mélangé avec le salami coupé en petits morceaux.

Attention aux liquides chauds et aux casseroles ; demande l'aide d'un adulte.

Le carnaval

▼ Une jeune fille montée sur des échasses au carnaval de Venise.

Le carnaval est une fête très ancienne. Avant que l'Italie ne devienne un pays chrétien, c'était la période pendant laquelle on célébrait la fertilité de la terre. Aujourd'hui, la plupart des catholiques y voient la dernière occasion de s'amuser et de savourer des nourritures riches avant la période de jeûne du Carême. Les gens vont à des fêtes et des bals costumés, dansent dans les rues et partagent des mets délicieux.

Au carnaval ▶ de Venise, ces fillettes savourent des glaces, toujours très appréciées en période de fête.

En Italie, le carnaval a ses spécialités culinaires. Les Piémontais apprécient des bandes de pâte frites appelées *chiacchere*, qu'ils mangent saupoudrées de sucre glace. En Sicile, les enfants adorent les *cannoli*, des tubes de pâte remplis de fromage sucré. À Florence, on préfère la *schiacciata di carnevale*, un gâteau décoré d'un lys en chocolat.

▼ Des artistes de Viareggio passent l'année entière à fabriquer des chars pour le carnaval.

LE CARNAVAL DE VIAREGGIO

Le carnaval de la ville de Viareggio est remarquable pour son défilé de chars portant des statues de papier mâché. Ces statues ressemblent à des personnages italiens célèbres caricaturés. Sur les chars, des enfants lancent des confettis dans la foule.

FARINELLA

Au carnaval de Putignano, de nombreuses personnes se déguisent en un personnage nommé Farinella. Son costume est fait de chiffons colorés et son chapeau tinte grâce à des clochettes. Le nom de Farinella vient d'un ragoût, de pois chiches et d'orge, que les fermiers pauvres préparaient il y a longtemps.

▼ Lis la recette de la page ci-contre afin de connaître la préparation du minestrone, une soupe au riz ou aux pâtes et aux légumes.

Le Carême

Le dernier jour du carnaval s'appelle Mardi gras. Le Carême commence le jour suivant qui est le mercredi des Cendres. Le Carême dure pendant les quarante jours qui précèdent Pâques. Les chrétiens réfléchissent à la façon de devenir meilleurs. Beaucoup d'entre eux renoncent à une nourriture riche, en mémoire de Jésus qui jeûna pendant quarante jours dans le désert. Les vendredis, ils mangent souvent des plats sans viande, comme le minestrone ou les pâtes.

Le minestrone

USTENSILES

une planche à découper
un couteau
une casserole
une cuillère en bois
une bouilloire
une verre mesureur
une louche

INGRÉDIENTS (pour 4)

1 cuillerée à soupe d'huile d'olive
1 petit oignon émincé
1 pomme de terre coupée en dés
1 branche de céleri coupée en dés
2 cuillerées de carottes coupées en dés ou de petits pois congelés
2 cuillerées de haricots verts
50 g de coquillettes
1 cuillerée à soupe de persil haché
25 g de parmesan râpé

1

Fais chauffer l'huile d'olive dans une casserole et fais blondir les oignons. Ajoute la pomme de terre et le céleri. Fais revenir pendant 6 à 7 minutes.

2

Avec précaution, ajoute lentement, un demi-litre d'eau bouillante en utilisant le verre mesureur. Fais cuire pendant 15 autres minutes.

3

Incorpore le reste des légumes et les pâtes. Laisse mijoter pendant 10 minutes et retire du feu.

4

Ajoute le persil et le parmesan, mélange et sers.

Attention aux liquides chauds et aux casseroles ; demande l'aide d'un adulte.

Pâques

Le Vendredi saint, les catholiques célèbrent le jour de la mort de Jésus sur la croix. Lors des processions, des fidèles sont déguisés en personnages des Évangiles. Des hommes vêtus de longues robes portent des statues représentant des scènes de l'arrestation et de la mort de Jésus. Dans certaines villes, des pénitents traînent des chaînes à leurs pieds ou portent de lourdes croix.

▼ Une procession du Vendredi saint, à Minori près de Naples. Les fidèles portent des cagoules afin de ne pas être reconnus par la foule quand ils demandent à Dieu de leur pardonner leurs péchés.

◀ À Naples, une tarte appelée la *pastiera* est spécialement préparée pour Pâques. Elle est fourrée avec du fromage *ricotta* sucré, des écorces confites et parfumée à la fleur d'oranger.

LA CASSATE

La cassate fut apportée en Italie par des cuisiniers arabes. Des religieuses copièrent la recette et en firent le dessert de Pâques. Mais au XVIIe siècle, un évêque leur en interdit la préparation. Il pensait que les religieuses consacraient trop de temps en cuisine pendant la Semaine sainte. Les religieuses passèrent la recette à leurs amis et bientôt tout le Sud de l'Italie put savourer la cassate.

Le jour de Pâques

Le dimanche de Pâques marque la fin de la période de jeûne. Les cloches des églises sonnent pour célébrer la résurrection du Christ. Beaucoup d'Italiens partagent, en famille, un repas spécial. À Naples, on sert généralement un *antipasto* composé de viandes froides et de légumes en conserve. Il est suivi d'un *brodo* aux nouilles, une soupe spéciale pour Pâques. Le plat principal est de l'agneau rôti servi avec des artichauts frits et des pommes de terre.

Les gâteaux et les bonbons de Pâques

Dans le Nord de l'Italie, le gâteau traditionnel de Pâques a la forme d'une colombe. On l'appelle *colomba di Pasqua*. Certains Italiens font des biscuits à la cerise et au chocolat. D'autres achètent une *schicciata di Pasqua*, un gâteau aux œufs et au beurre. Les enfants mangent des œufs en chocolat qui contiennent un jouet surprise ou des chocolats.

▲ Cet agneau de Pâques est en pâte d'amandes. L'agneau est un des symboles chrétiens de Jésus.

◀ La cassate, *cassata*, tient son nom du mot arabe *quas'at* qui signifie grand saladier rond. Découvre la recette de cette glace page 29.

La cassate sicilienne

INGRÉDIENTS (pour 6)

1 grand pot de glace à la vanille
un colorant alimentaire rouge
50 g de cerises confites coupées
50 g de fruits confits coupés
un colorant alimentaire vert
50 g de pistaches

USTENSILES

un saladier
une cuillère en bois
un moule à gâteau
du papier sulfurisé
une fourchette
une planche à découper

1

Laisse 1/3 de la glace ramollir un peu. Verses-y du colorant rouge et mélange jusqu'à ce que la glace devienne rouge. Ajoute les fruits et mélange de nouveau.

2

Tapisse le moule de papier sulfurisé. Verse la glace fondue et aplanis la surface avec la cuillère en bois. Mets-la au freezer pour qu'elle durcisse.

3

Ramollis un autre tiers de glace pour faire une couche blanche et mets-la au freezer. Fais ramollir le dernier tiers. Ajoute le colorant vert et les pistaches. Mélange et verse dans le moule.

4

Remets le mélange au freezer. Quand il est dur, retourne-le sur la planche à découper. Découpe la glace avec précaution afin que chacun ait une tranche tricolore.

Sois prudent avec les couteaux. Demande à un adulte de t'aider.

Glossaire

antipasto : un hors-d'œuvre, servi avant le plat principal.

baptême : cérémonie d'accueil d'une personne dans l'Église.

jeûner : se priver totalement ou partiellement de nourriture.

Évangiles : les livres de la Bible qui exposent la vie et le message de Jésus.

fertile : se dit d'une terre favorable à la culture ou à l'élevage.

honorer : montrer un grand respect.

liqueur : boisson alcoolique sucrée et aromatisée, qui se boit après un repas.

messe : cérémonie de la religion catholique pendant laquelle on célèbre la mort et la résurrection du Christ.

Nativité : la naissance de Jésus.

saint : personne ayant atteint une perfection religieuse reconnue après sa mort par l'Église, en particulier l'Église catholique romaine. Les saints ont des jours consacrés où les fidèles leur rendent hommage.

saint patron : saint considéré comme le protecteur particulier d'un pays, d'une église, d'une profession ou d'une personne.

Crédits photographiques

Anthony Blake Photo Library 14, 16 (en haut), (Tim Imrie) 27, (John Sims) 28 (en haut) ; Britstock (Eric Bach) 9, (Tschanz) 11 ; Cephas (Franck Auberson) 22 (gauche) ; Getty Images (Chris Windsor) *photo de couverture*, (Andy Sacks) 6 ; Chapel Studios (Alistair Beckett) 7 et 10, (Zul Mukhida) 16 (en bas), 20, 24, 28 (en bas) ; Food Features 19 ; Robert Harding (John G. Ross) 18 (droite), (Mike Newton) 26 ; Hutchison (Nancy Durrell-McKenna) 5 (en bas à gauche), (Robert Aberman) 8 (au milieu), (Gail Goodger) 18 (gauche) ; Norma Joseph 13, 22 (droite) ; Kronos 2000 15 ; Pictor International 12, 23 ; Wayland Picture Library 5 (en haut à droite). Illustrations des fruits et légumes : Tina Barber. Carte 4 : Peter Bull and Hardlines. Maquette : Judy Stevens.

Pistes pédagogiques

Saveurs du monde pistes pédagogiques

MATHÉMATIQUES

L'utilisation et la compréhension des mesures (pour les recettes)

L'utilisation et la lecture d'instruments de mesure (balances)

L'utilisation des poids et des mesures

L'utilisation et la compréhension des fractions

MUSIQUE

Les musiques de fête

La musique d'une culture différente

GÉOGRAPHIE

L'étude de la géographie locale

Paysages et climats

L'agriculture

L'influence du paysage sur les activités humaines : l'agriculture et les fêtes liées aux aliments

Prise de conscience du contexte local

TECHNOLOGIE

Dessiner l'affiche publicitaire d'un produit alimentaire

Les technologies de l'agro-alimentaire

Les emballages

Préparer les repas

Suivre une recette

SCIENCES

La nourriture et la nutrition

La santé

Les plantes dans différents milieux

La vie des plantes

Les états de la matière

FRANÇAIS

Écriture d'un slogan vantant un produit alimentaire

Composition d'un poème ou d'une histoire dont le thème est la nourriture

Composition d'un menu de repas de fête italien

LANGUES VIVANTES

Les activités quotidiennes : la cuisine

Les hommes, les lieux et les coutumes

HISTOIRE

Histoire des aliments

Enquête sur les techniques agricoles utilisées depuis un siècle

RITES ET COUTUMES

Les plats traditionnels

Noël, l'Épiphanie, le Carême, Pâques

Le baptême, le mariage

Index